中华诵·经典素读教程系列

中华国学课本

ZHONGHUA GUOXUE KEBEN

第十册

张庆华 主编

五年级 ________ 班

姓名 ____________

中 华 书 局

顾　问

舒　悦　梁结银

主　编

张庆华

副主编

李　纯　张美如

编　委

张庆华　李　纯　张美如　谭曦文

徐　宏　廖洪毅　付晶晶　郑曼虹

责任编辑

祝安顺

装帧设计

刘　丽　王喜华

目录

编者的话 …… 1

古诗

1 插秧歌 …… 2
2 四时田园杂兴 …… 5
3 橘　颂 …… 8
4 黍　离 …… 11
5 浪淘沙 …… 14
6 采桑子 …… 17
国学常识·中国古代的民居建筑 …… 20

古文

7 平天下 …… 24
8 容　人 …… 27
9 圣人之道 …… 30

10 圣　德 …… 33

11 君子本性 …… 36

12 修　德 …… 39

13 无　为 …… 42

14 天　行 …… 45

15 水　德 …… 48

16 进　学 …… 51

国学常识·中国古代的服饰文化 …… 54

对联

17 经典长联 …… 58

18 美文联 …… 61

19 美韵联 …… 64

20 美意联 …… 67

国学常识·中华茶文化 …… 70

附录：亲子共读 …… 73

编者的话

教育部2012年发布的最新修订版《小学语文课程标准》前言写道："语文课程还应通过优秀文化的熏陶感染，提高学生的思想道德修养和审美情趣，使他们逐步形成良好的个性和健全的人格，促进德、智、体、美诸方面的和谐发展。"《标准》还要求小学生背诵160篇优秀诗文。《中华国学课本》的编写，就是希望通过将丰富精深的传统文化内容课时化、情趣化、游戏化，让小学生寓学于玩，从而广泛深入地实践新语文课程标准。编写《中华国学课本》的目标，在于让孩子从道德评价、风俗习惯、交往礼仪、生活常识等方面去感受中华传统文化的独特魅力，使当代小学生能在学习过程中，正视祖国优秀的传统文化，吸取其精华，陶冶完美人格，开发自身的主体智慧，使识字、阅读、记忆、观察、思维、判断、想象、体能、灵感等方面的潜能得到更为科学、更为高效的开发和培养。

一、教材编写

（一）科学借鉴，精选适度

我们在编写教材时，尽可能实现如下目标：内容可读性强、编排线索简明、序列清晰、便于学生诵读和学习。通过对教材教法的研究，我们在"度、量、正、懂"四字上进行了反复斟酌。

1. 度：要讲求分寸的把握。少儿传统文化学习要做到适当、适度、适宜、适合。课本所编选的诗歌、古文、韵文等，内容贴近儿童的生活，朗朗上口，便于记诵。

2. 量：《中华国学课本》编选内容量的确定是以不增加学生学习负担为前提的。教材每册定位 20 课时，课文 20 篇，其中古诗 6 首，古文 10 篇，韵文 4 篇。一首诗一般最多 56 字，一段短文 50 字左右，韵文如《声律启蒙》节选 80 多字，都在课堂中完成学习，当堂读、背、画完成后，不再布置其他作业。

3. 正：《中华国学课本》课程的教学目标是对少年儿童进行德育与智育，尤其是情感的培养和陶冶，把真善美的东西教给孩子们。

4. 懂：我们是在引导学生初知或粗知的基础上来安排学习、诵读的。具体做法是，让学生初知一点，不深究。在学习过程中，凡是能够让学生开心地学、爽朗地读、创造性地嬉戏的形式，都是可以尝试的。

（二）内容丰富，设计创新

在编写时，我们也注意到了课堂教学的规范性和开放教学的灵活性：低年段内容的选编，多以表现儿童生活内容的篇章为主；中高年段则根据学生的认知能力和接受程度，编选优秀传统文化中有关为人处世、修身养性的篇目。编选时，尽量做到不与其他教科书内容重复。版块设置介绍如下：

1. **诵读**：诵读的方式可以是开放的，多种多样的，节奏读、韵律读、音乐读、相声版、京戏版、夫子版等都可以采用。

2. **注释**：设置注释的目的是帮助学生理解，因此对妨碍理解的字、词进行简洁的注释。

3. **诗意体悟**：本着浅显易懂、浅入浅出的原则，讲解诗文的内容和特色，让学生能基本了解即可，教学时也只是点到为止。

4. **阅读提示**：针对所选课文的内容和特点，进行具体的阅读指导。

5. **创意空间**：本版块的设置体现了体验化教学设计，课堂上师生一起以读、聊、诵、吟、画、玩的形式来进行学习。比如低年段的“我会这样涂涂画画”、中高年段的“诗情画意显身手”（我可以涂画、作诗、写对联）等，就是用读来完成学、用玩来理解意、用涂鸦等独特的创造和嬉戏，来表达和体现各自的情等，真正做到让学生体悟在诗意里，成长在无限的创造活动情趣中，既开发语言功能，又激发想象能力。

6. **汉字寻根和书写练习**：设置本版块，是希望学生通过观察、了解、欣赏、书写汉字，培养其对祖国汉字文化的喜爱之情，通过寻字、赏字、评字、写字，让学生从小养成眼中观字、心中想字、脑中记字、手写好字的优良习惯。“汉字寻根”只在古文部分设置。

7. **国学常识**：国学常识是对课文内容的补充和拓展。每册设置3课，所选均为中国人应知应会的国学常识，提供给学生自学，教师不进行讲解。

二、教学方法，易于操作

通过对教材的编选和教学实践，逐渐形成了系统完整、便于操作的教学模式——五步教学法，具体做法是：

1. **课前游戏学**：依据儿童爱玩的天性，在课前利用1—3分钟，让小组长或学习委员领同学一起吟诵、读唱、编演游戏。

2. **课中趣味学**：一看注释读，二想故事或典故读，三看阅读提示读。一是不加不减字；二是读准字音有韵味。

3. **同学玩读学**：彰显儿童的玩耍嬉戏之趣，让学生用自己喜欢的方式诵读，如节奏明快朗诵版、稚趣横溢相声版、摇头晃脑夫子版、韵律和声吟诵版等。

4. **师生同聊学**：师生同聊的课堂，聊中品读聊出情、聊中戏玩聊出趣、聊中感悟聊出智，让师生在课堂中，都能以轻松自如的状态去表达，去传递，去交流，去碰撞。

5. **诗情画意学**：课本设置有“创意空间”版块，是为了让孩子们更好地进行体验性、参与性学习，让孩子们的想象力自由地驰骋。每上完一课，孩子们心中有情、脑中有画、手中有笔，可以立即把自己的理解和想法都表现出来。

三、目标明确，积少成多

关于《中华国学课本》的使用，我们有如下建议。

一、**二年级**：每周利用一节正式语文课，上《中华国学课本》一课。另外利用每天的晨读时间逐渐完成《三字经》、《弟子规》、《千字文》、《百家姓》的背诵。

三、**四年级**：每周用一节正式语文课，上《中华国学课本》一到两课。用每天的晨读时间完成《声律启蒙》、《笠翁对韵》以及《大学》、《论语》节选的背诵。

五、六年级：每周用一节正式语文课，上《中华国学课本》一到两课。用每天的晨读时间完成《中庸》、《诗经》、《论语》、《孝经》、唐诗、宋词的选背。

这样，学生从一年级起至六年级，六年间可积累诵读约 300 多首古诗文和部分整本的经典名著。相信这些优秀篇目的学习，必将提升孩子们儒雅淳静的气质，为孩子们以后的“薄发”奠定比较扎实的基础。

四、家校互动，有效评价

在课程学习中，引入评价环节，提倡师生同评、学生自评、同伴互评、亲子共评，设置针对学生学习、教师教学、班级整体情况的测评表。

一是设计了针对学生的《中华国学课本》学习情况测评表（见附表 1），评分标准采用百分制，具体要求包括：1. 集体诵读展示，所有同学参与；2. 诵读时字正腔圆，声情并茂；3. 诵读形式多样，趣味性强；4. 分组表演中，大方自信，各展所长；5. 对《中华国学课本》的熟悉程度；6. 能进行个性创作，书、画整洁漂亮。

二是设计了针对教师使用的《中华国学课本》教学情况明细表（见附表 2）。

三是设计了针对班级整体的《中华国学课本》班级情况测评表（见附表 3），评分采用“优、良、中”等级制，具体要求为：1. 优：95% 的同学能熟练背诵，节奏感强 ；2. 良：90% 的同学能通背，正确、通顺、流畅；3. 中：80% 的同学能通背，正确、通顺、流畅。

附表 1：

《中华国学课本》学习情况测评表

班　级	诵　读	表　演	创　作	综合得分

附表 2：

《中华国学课本》教学情况明细表

<table>
<tr><td>年级 / 班级</td><td></td><td>授课老师</td><td></td><td>学生人数</td><td></td></tr>
<tr><td>规定课时</td><td></td><td>已上课时</td><td></td><td>补上课时</td><td></td></tr>
<tr><td rowspan="3">教学完成情况</td><td>学一带一</td><td colspan="4"></td></tr>
<tr><td>涂鸦创作</td><td colspan="4"></td></tr>
<tr><td>师生评价</td><td colspan="4"></td></tr>
<tr><td rowspan="4">抽查效果</td><td>熟练通背人数</td><td colspan="4"></td></tr>
<tr><td>古诗背诵效果</td><td colspan="4"></td></tr>
<tr><td>古文背诵效果</td><td colspan="4"></td></tr>
<tr><td>韵文背诵效果</td><td colspan="4"></td></tr>
<tr><td>教师教学感悟、意见及建议</td><td colspan="5"></td></tr>
</table>

附表 3：

《中华国学课本》班级情况测评表

班级人数情况			诵读效果			创作效果	
班级	应到人	实到人	古诗	古文	韵文	涂鸦	诗、文创作

张庆华

2013 年 3 月

古诗

“芒种插秧是个宝，夏至插秧是根草”，插秧农时不饶人，《插秧歌》中一家老小冒雨抢秧苗，可谓苦中有乐，其乐融融。《四时田园杂兴》中孩童顽皮，小鸟贪吃，蛙声喧闹，洋溢着喜悦之情。《橘颂》颂江南橘树“受命不迁，生南国兮”，一显君子风范：刚正不阿，无己无私。《黍离》中，一个人踽踽独行，徘徊于茂密的黍稷田间，其内心的忧虑伤痛无人知晓，恐怕只能独自排解。《浪淘沙》中词人李煜由一国之君沦为阶下之囚，国破家亡之痛，发而为词，可谓“语语沉痛，字字泪珠”。《采桑子》描画了颍州西湖或晴或阴的美丽景致，连燕子、水鸟都流连于此。

1 插秧歌

〔宋〕杨万里

田夫抛秧田妇接，
小儿拔秧大儿插。
笠是兜鍪蓑是甲，
雨从头上湿到胛。
唤渠朝餐歇半霎，
低头折腰只不答。
秧根未稳莳未匝，
照管鹅儿与雏鸭。

注释

① 兜鍪（móu）：古代打仗所用的头盔。
② 胛（jiǎ）：指肩膀。
③ 渠：代词“他”。
④ 莳：移栽植物。这里指插秧。匝：满。

诗意体悟

风雨中田家忙于抢插秧苗。瞧，那一家四口，丈夫抛秧，妻子接秧，小儿拔秧，大儿插秧。豆大的雨滴早已打湿了他们的整个身子，送来早餐让他们休息片刻，繁忙中却无人应答。稻苗还没插完，催促着送饭者赶快把早餐放下回家，别让家里那帮鸭鹅出来糟蹋。

这是一幅描绘农家雨中抢插秧苗的风俗图画。“抛”、“接”、“拔”、“插”四个动词，使得热火朝天的劳动场面跃然纸上；以“兜鍪”和“甲”分别比喻“笠”和“蓑”，暗示了抢插稻苗场面如战斗般紧张繁忙。农家儿自幼学习种庄稼的朴实、勤劳形象令人拍手称赞。朗读时语气活泼，节奏明快，体现出劳动的快乐情趣。

 1. 我会自读、自吟，找同学一起诵读。

 2. 书写练习：照样子书写下面的文字。

田夫抛秧田妇接，小儿拔秧大儿插。

笠是兜鍪蓑是甲，雨从头上湿到胛。

3. 诗情画意显身手。（我可以涂画、作诗、写对联）

2 四时田园杂兴

〔宋〕范成大

（一）

种园得果廑偿劳，
不奈儿童鸟雀搔。
已插棘针樊笋径，
更铺渔网盖樱桃。

（二）

湔裙水满绿蘋洲，
上巳微寒懒出游。
薄暮蛙声连晓闹，
今年田稻十分秋。

注　释

① 廑：通“仅”，才、只的意思。
② 樊：用为动词，插棘为篱。
③ 湔（jiān）裙：女子在水边洗衣服，以避灾祸。
④ 上巳：即上巳节，在夏历三月初三。

（一）：果子成熟是对农民辛勤劳作的回报，无奈小孩子和鸟儿却不停地要来骚扰。于是农民在果园的周围插上了篱笆围墙，还在樱桃树上盖了一层纱网，以避免调皮孩童和贪吃鸟儿糟蹋果子。

（二）：上巳节到了，人们本应该出去游玩的，可是天气还是有些寒冷。妇女们都来到蘋洲清澈的碧水边洗衣服，以避灾祸。夜幕降临，青蛙开始整夜唱歌，再看看今年的稻子，一定会有一个好的收成。

（一）：果子成熟是庄稼人最开心的事情，毕竟自己的辛勤劳作有了回报。但由于孩童的顽劣以及小鸟的骚扰，又给主人增添了无限烦恼。朗读时，第一句要读出喜悦之情，二至四句读出心中无奈。

（二）：上巳节本该出去游玩，但由于天气寒冷，人们只好打消外出的念头。这本该是一件扫兴的事情，但是诗文里呈现的却是喜人而热闹的场面：妇女们“祓除畔浴”，青蛙们整夜唱鸣，人们想到丰收的日子，心里更是幸福绵绵。朗读时，语调舒缓绵长，心中充满希望。

 1. 我会自读、自吟，找同学一起诵读。

 2. 书写练习：照样子书写下面的文字。

种园得果廑偿劳，不奈儿童鸟雀搔。

薄暮蛙声连晓闹，今年田稻十分秋。

 3. 诗情画意显身手。（我可以涂画、作诗、写对联）

3 橘颂

〔战国〕屈原

后皇嘉树，橘徕服兮。受命不迁，生南国兮。深固难徙，更壹志兮。绿叶素荣，纷其可喜兮。曾枝剡棘，圆果抟兮。青黄杂糅，文章烂兮。精色内白，类任道兮。纷缊宜修，姱而不丑兮。嗟尔幼志，有以异兮。独立不迁，岂不可喜兮？深固难徙，廓其无求兮。苏世独立，横而不流兮。闭心自慎，终不失过兮。秉德无私，参天地兮。愿岁并谢，与长友兮。淑离不淫，梗其有理兮。年岁虽少，可师长兮。行比伯夷，置以为像兮。

橘啊，你这天地间的佳树，生长在江南，根深蒂固难以迁移。枝儿层层，刺儿锋利，果实圆满，色彩绚丽！你外观精美内心洁净，类似一位道德君子：特立独行永不改变，心胸开阔无所私求，遵守道德毫无私心，真可与天地相比。愿你我结成知己，终以你为做人榜样！

《橘颂》是中国文人写的第一首咏物诗，作者借橘树赞美坚贞不移的品格。橘树只肯生长在南国，不仅外形漂亮，“精色内白……姱而不丑兮”，它有着非常珍贵的内涵：“深固难徙，廓其无求。苏世独立，横而不流。”终能操守公正无私的气节。朗读时气宇轩昂，展现出品行高雅超凡脱俗的气质。

1. 我会自读、自吟，找同学一起诵读。

2. 书写练习：照样子书写下面的文字。

深固难徙，廓其无求兮。苏世独立，横而不流兮。闭心自慎，终不失过兮。秉德无私，参天地兮……

3. 诗情画意显身手。（我可以涂画、作诗、写对联）

4 黍　离

诗经·王风

彼黍离离，彼稷之苗。行迈靡靡，中心摇摇。知我者，谓我心忧。不知我者，谓我何求。悠悠苍天，此何人哉！

彼黍离离，彼稷之穗。行迈靡靡，中心如醉。知我者，谓我心忧。不知我者，谓我何求。悠悠苍天，此何人哉！

彼黍离离，彼稷之实。行迈靡靡，中心如噎。知我者，谓我心忧。不知我者，谓我何求。悠悠苍天，此何人哉！

注　释

① 黍：农作物，产于北方，形似小米，有粘性。

② 噎（yē）：堵塞，引申为郁闷。

看那黍子一行行，高粱苗长大抽出了高粱穗儿，直到高粱穗儿成熟红堂堂。可我迈着缓慢的步伐，走走停停却离家越来越远，我的心如刀割般疼痛。知我者说我心忧，不知我者还说我有所求。上苍呀，是谁害得我有家不能回啊！

这是一首有感家国兴亡的诗。因为周幽王的暴虐无道，政治腐败，导致狄人入侵，西周灭亡。作者作为朝廷中大臣悲怆不已，彷徨不忍离去。在行役途中，他看到故室宗庙尽变为禾黍更是伤悲。通过回环反复吟唱，表现出绵绵不尽的故国之思和凄怆之情。

 1. 我会自读、自吟，找同学一起诵读。

 2. 书写练习：照样子书写下面的文字。

知我者，谓我心忧。不知我者，谓我何求。悠悠苍天，此何人哉！

3. 诗情画意显身手。（我可以涂画、作诗、写对联）

5 浪淘沙

〔南唐〕李煜

帘外雨潺潺，春意阑珊。罗衾不耐五更寒。梦里不知身是客，一晌贪欢。　　独自莫凭栏，无限江山，别时容易见时难。流水落花春去也，天上人间。

注释

① 李煜：南唐国君，史称李后主。

② 一晌：一会儿，片刻。

门帘外传来雨声潺潺，浓郁的春意又要凋残，罗织的锦被受不住五更时的冷寒，只有迷梦中忘掉自身是羁旅之客，才能享受片时的欢喜。

独自一人登上楼台，远眺故国的无限关山，思想再回去又是何等的艰难，正如这流去的江水凋落的红花随春天一起消逝，又怎能留得住呢。今昔对比，形同天上和人间。

帘垂夜深，潺潺的雨声透过帘栊，不断传入耳中；眼看那美好的春光，在这潺潺雨声的伴和之下，即将成为过去，诗人流露出无限惜春、伤春之情。“罗衾不耐五更寒”，这不仅是写身寒，更是心寒。年年春去，年年春来，故国江山不可重逢，良辰美景不可再现，亡国之痛涌上心头，肝肠断绝，遗恨千古。要读得凄凉，感受悲惨。

 1. 我会自读、自吟，找同学一起诵读。

 2. 书写练习：照样子书写下面的文字。

帘外雨潺潺，春意阑珊。罗衾不耐五更寒。

独自莫凭栏，无限江山，别时容易见时难……

3. 诗情画意显身手。（我可以涂画、作诗、写对联）

6 采桑子

〔宋〕欧阳修

（一）

轻舟短棹西湖好，绿水逶迤。芳草长堤。隐隐笙歌处处随。　无风水面琉璃滑，不觉船移。微动涟漪。惊起沙禽掠岸飞。

（二）

群芳过后西湖好，狼籍残红。飞絮濛濛。垂柳阑干尽日风。　笙歌散尽游人去，始觉春空。垂下帘栊。双燕归来细雨中。

注释

① 欧阳修：字永叔，北宋文学家。

② 西湖：颍州西湖，在今阜阳。

③ 阑干：横斜，纵横交错。

④ 笙歌：指歌唱时有笙管伴奏。

（一）：西湖风光好！碧水绵延，堤上花草芬芳，驾轻舟划短桨徜徉西湖格外逍遥。隐隐传来歌声，随着船儿和心情一起飘荡。水面平静，感觉不出船儿在前行，只见泛起的涟漪细浪。看！被船儿惊起的水鸟，正掠过湖岸飞翔。

（二）：“淡妆浓抹总相宜”。暮春时节，百花凋落，西湖依然是美的。残花轻盈飘落，柳絮时而飘浮，杨柳纵横交错，在和煦的春风中，万物怡然自得。游人尽兴散去，笙箫的歌声渐渐静息，湖面异常安谧。回到居室，拉起窗帘，等待着燕子的来临，双燕在细雨中如期而至。

（一）：描写了春色中的西湖，风景与心情，动感与静态，视觉与听觉，两两对应结合，形成了一道流动的风景，清新可爱。朗读时，可读得舒缓悠扬，读出“舟行碧波上，人在画中游”的诗情画意及人在画中的欢愉与沉醉之感。

（二）：描写了西湖的恬静清幽之美。群芳凋零，花朵狼藉，作者面对这种“匆匆春又去”的衰残景象，不但不感伤，反而在孤寂清冷中享受着安宁静谧。要读得轻柔舒缓，体味其间耐人寻味的意境。

 1. 我会自读、自吟，找同学一起诵读。

 2. 书写练习：照样子书写下面的文字。

无风水面琉璃滑，不觉船移。微动涟漪。惊起沙禽掠岸飞。

笙歌散尽游人去，始觉春空。垂下帘栊。双燕归来细雨中。

 3. 诗情画意显身手。（我可以涂画、作诗、写对联）

中国古代的民居建筑

同学们，你们知道成语“钩心斗角”吗？想知道它最初的意思是什么吗？唐代诗人杜牧在《阿房宫赋》中描写阿房宫的雄伟壮丽，文中写道：“五步一楼，十步一阁。廊腰缦回，檐牙高啄。各抱地势，钩心斗角。”可见“钩心斗角”在这里的意思是宫殿建筑结构的交错和精巧。

“钩心斗角”还真是形象地道出了中国传统建筑的特点。具有悠久历史的中国建筑，一直以其独特的艺术魅力享誉世界。

你瞧！从蜿蜒盘旋在崇山峻岭之间的万里长城，到科学与艺术完美结合的赵州桥；从世界最高的木结构建筑山西应县佛宫寺木塔，到世界规模最大的故宫建筑群落；从精巧雅致的苏州园林，到形形色色的各地民居……我们的祖先，给我们留下了许许多多的建筑经典，这些都是我国文化遗产中的璀璨明珠……

中国民间建筑

在中国雕梁画栋、金碧辉煌的宫廷建筑，可谓是中国建筑艺术的突出成就。但就千千万万普通百姓而言，这些精妙绝伦的建筑离自己的生活却过于遥远。他们所在意的，是一个属于自己的安稳舒适的家。

勤劳智慧的中国劳动人民，依山傍水，择处而居，创造了许多美观实用且独具特色的中国式民居，彰显了劳动人们的生活智慧。

开平碉。位于广东开平的开平碉楼，如今已入选中国物质文化遗产名录。碉楼是一种特别的建筑，它既是舒适的住宅，也是坚固的堡垒。开平是著名的侨乡，自古以来，由于河流密布，地势低洼，常常经受洪水的侵袭，加上治安的混乱，当地人便开始修建坚固的高楼来抵御洪水、防范劫匪。清朝开始，留洋的华侨们在回国之后，又将许多国外建筑的特点运用在了碉楼的修建上，因此才有了我们能欣赏到的中西合壁的碉楼建筑。

福建土楼。在福建西南的山林之中，处处都能看见围成圈状的土楼。这里的山林地势险峻，人烟稀少，当地人长期饱受野兽和盗寇的骚扰。为了住得安稳，乡民依山而建，巧妙地在山谷之间修建起了既能抵御外敌又舒适的土楼。土楼的建筑材料全都就地取材，如泥土、木材、鹅卵石等，而且外墙至少有一米厚，既节约又坚固。只要把大门一关，土楼便成了刀枪难入的城堡。土生土长的福建人，非常重视家族观念，常常聚族而居，因此一座土楼就是一个浓缩的小社区，常常是整个家族的人都居住在内。著名的永定承启

楼，房间多达384个，鼎盛时期住过800多人。

北京四合院之所以叫“四合院”，是因为这种民居由四座房屋在四面围合而成，形成一个四方型，中间是舒适的庭院。北京四合院通常都有宽敞的院落，人们在这里栽花养鱼，图一个吉祥如意。由于四合院对外只有一个面向街道的大门，关起来便是一片隐秘的小天地，非常适合一家人居住。

不同的地域特点，造就了不同的民间建筑：苗家水乡吊脚楼、黄土高原窑洞、草原蒙古包……同学们，你的家乡都有些什么特色民居建筑呢？和大家分享分享吧！

古文

本册所选古文辞约而旨丰，事近而喻远，读来如故事般生动有趣。以“崇德”之心入文，你会发现“人之有技，若己有之；人之彦圣，其心好之”，其“容”乃德；“所恶于上毋以使下，所恶于下毋以事上”，其“恕”乃德；“辟如天地之无不持载，无不覆帱”，其“载”乃德；“仁义礼智根于心，其生色也睟然”，其“和”乃德；“以其不息，且遍与诸生而不为也”，其“善”乃德。君子学以进德，以道修德，普化天下。

7 平天下

所谓平天下在治其国者，上老老而民兴孝，上长长而民兴悌，上恤孤而民不倍，是以君子有絜矩之道也。所恶于上毋以使下，所恶于下毋以事上，所恶于前毋以先后，所恶于后毋以从前，所恶于右毋以交于左，所恶于左毋以交于右。此之谓絜矩之道。

《大学》节选

注释

① 老老：尊敬老人。

② 长长：尊重长辈。

③ 倍：通“背”，背弃。

④ 絜（xié）矩之道：指言行要有示范作用。

译文

所谓平定天下在于先治理好国家，意思是说，国君尊敬老人，国民就会兴起孝敬的风气；国君尊重年长的，国民就会兴起敬长的风气；国君怜恤孤儿，国民就会不背弃孤儿。是以君子有以身作则、推己及人之道。凡是上面的人待我的态度为我所厌恶的，我就不用这种态度任使下面的人。凡是下面的人对我的态度为我所厌恶的，我就不用这种态度侍奉上面的人。前后左右皆然。这就叫做“絜矩”之道。

君子力行孝悌仁义，德沛众庶，故能天下平而国邦治。这段话用“上……而……”、“所恶于……毋以……”两个句式的变化，简单明了地告诉我们“己所不欲，勿施于人”的恕道。需正心读之，读出宽仁，读出尊敬。孝悌仁爱之情发之于心，现于声色言表。

小篆

隶书

草书

行书

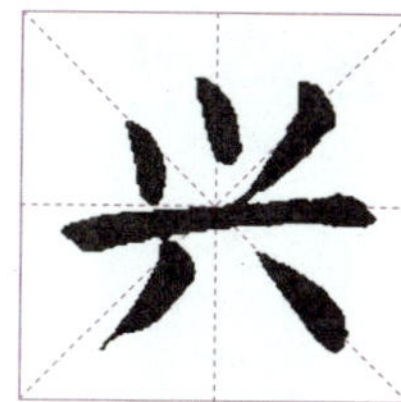
楷书

兴：四只手抬着中间的方形器物，从最早的字形不难看出，“兴”有“抬举”的意思，在古文中，它也被引申出了“建立，发动”等含义，如“兴师动众”。

1. 我会自读、自吟，找同学一起诵读。

 2. 书写练习：照样子书写下面的文字。

所谓平天下在治其国者，上老老而民兴孝，上长长而民兴悌，上恤孤而民不倍，是以君子有絜矩之道也。

 3. 诗情画意显身手。（我可以涂画、作诗、写对联）

8 容 人

秦誓曰：“若有一介臣，断断兮，无他技；其心休休焉，其如有容焉。人之有技，若己有之；人之彦圣，其心好之，不啻若自其口出，寔能容之。以能保我子孙黎民，尚亦有利哉！人之有技，媢嫉以恶之；人之彦圣，而违之，俾不通，寔不能容。以不能保我子孙黎民，亦曰殆哉！”

《大学》节选

注 释

① 寔：通“实”，确实，实在。
② 媢（mào）：忌。
③ 殆：危。

《尚书·秦誓》中说：“假如有一个臣子，老老实实而没有其他技能，他的心有容人之量。别人有技能如同他自己有技能一样；别人贤良明智，他由衷地喜爱人家，宽容别人。任用他能保护我的子孙和黎民，也还是有利的呀！假如别人有技能，他就心生妒忌，厌恶人家；别人贤良明智，他就压制阻挠，使人家的功绩不能通达于君上，他确实是不能容人。这是危险的！”

这段话从正反两面对比阐释了荐贤好善，有容于中的道理。诵读时，以诚明之心入文，抓住“寔能容之”与“寔不能容”的不同表现，在语气、语调、神情方面有所变化，或轻或重，或扬或抑，或喜或恶。“容”在心中，情溢言表。

小 篆

隶 书

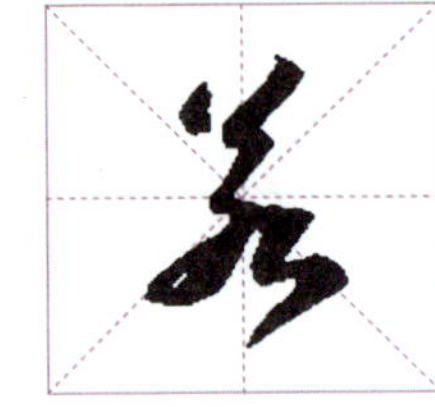
草 书

行 书

楷 书

若：本义是“顺”。字形像一个跪坐的人举起双手理顺头发。现在的“若”多假借为“像”、“如果”等义。在古文中，“若”也表示第二人称“你”的含义。

1. 我会自读、自吟，找同学一起诵读。

2. 书写练习：照样子书写下面的文字。

人之有技，若己有之；人之彦圣，其心好之，不啻若自其口出，寔能容之。

3. 诗情画意显身手。（我可以涂画、作诗、写对联）

9 圣人之道

大哉圣人之道，洋洋乎发育万物，峻极于天，优优大哉！礼仪三百，威仪三千，待其人然后行。故曰："苟不至德，至道不凝焉。"故君子尊德性而道问学，致广大而尽精微，极高明而道中庸，温故而知新，敦厚以崇礼。

《中庸》节选

伟大呀！圣人之道，洋洋洒洒地发育万物，它高俊达天，充裕宽和伟大呀！大的礼仪约有三百，小的仪节约有三千，等待那有德之人出来然后才能施行。所以说，假如不是具备最高德行的人，那最伟大的道理就不会凝聚形成。因此君子一定要尊重德性而从事学问，致力于广博而又尽心于精微，达到高明境界而又遵循中庸之道，温习已知而又增进新知，敦实笃厚用以崇尚礼仪。

圣人之道即是中庸之道，它经过从尧舜禹汤，到文武周公，再到孔子这么两千多年的积蓄，的确是博大精深。这段话大小相资，首尾相应，示君子入德之方，需存心践行。诵读时，当感受圣人的宽广胸怀与容纳万物的气概。行至文末，豪迈之情内化为对“道”、“德”、“学”、“行”、“习”、“礼”的诚心操守。

小篆

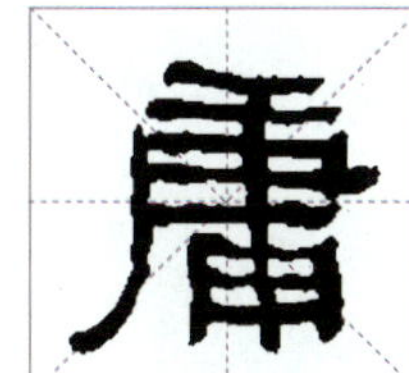
隶书

草书

行书

楷书

庸：上部是一个大钟，下部的“用”表读音，它原本指的是上古时一种类似钟的乐器。在古文中，它有时也被借用为“用”。

1. 我会自读、自吟，找同学一起诵读。

2. 书写练习：照样子书写下面的文字。

故君子尊德性而道问学，致广大而尽精微，极高明而道中庸，温故而知新，敦厚以崇礼。

3. 诗情画意显身手。（我可以涂画、作诗、写对联）

10 圣　德

仲尼祖述尧舜，宪章文武，上律天时，下袭水土。辟如天地之无不持载，无不覆帱；辟如四时之错行，如日月之代明。万物并育而不相害，道并行而不相悖。小德川流，大德敦化。此天地之所以为大也。

注释

① 辟：通“譬”，打比方。

② 帱（dào）：覆盖。

《中庸》节选

译　文

孔子远承并称述唐尧、虞舜的传统，近效并彰明文王、武王的法度，上顺天时变化规律，下依水土沿袭所宜。圣人之德好比天地，无不维持承载，无不覆盖遮护；好比四季的交替运行，犹如日月的更迭照耀。万物共同发育而不互相妨害，事理一并施行而不互相违背；小德像河水长流，不息不止，大德总敦实化育，无尽无穷；这便是天地之所以伟大的缘故。

“天不生仲尼，万古如长夜。”可见孔子的崇高思想地位。这段话是子思又一次追述孔子“祖述尧舜，宪章文武，上律天时，下袭水土”的圣德。诵读时，怀敬仰之情，虚实相应，读出赞叹，读出大气与悠远。

小篆

隶书

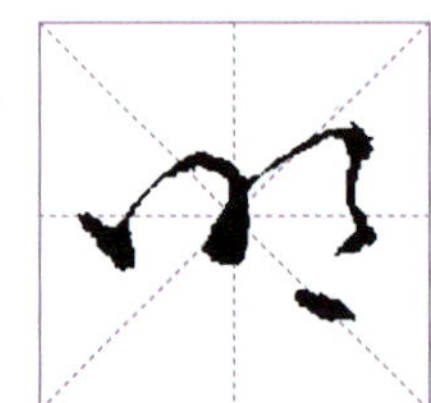
草书

行书

楷书

明：荀子说“在天者莫明于日”，或许造字的古人也如此认为。他们把“日”、“月”放在一起表示“光明”，现在“明”也表示“明显”。

1. 我会自读、自吟，找同学一起诵读。

2. 书写练习：照样子书写下面的文字。

万物并育而不相害，道并行而不相悖。小德川流，大德敦化。此天地之所以为大也。

3. 诗情画意显身手。（我可以涂画、作诗、写对联）

11 君子本性

孟子曰："广土众民，君子欲之，所乐不存焉；中天下而立，定四海之民，君子乐之，所性不存焉。君子所性，虽大行不加焉，虽穷居不损焉，分定故也。君子所性，仁义礼智根于心，其生色也睟然，见于面，盎于背，施于四体，四体不言而喻。"

《孟子·尽心上》节选

注释

① 睟（suì）然：清和润泽。

② 盎：显现。

③ 施（yì）：延及。

孟子说："拥有广大的土地、众多的人民，这是君子所希望的，但是乐趣不在这儿；居于天下的中央，安定天下的百姓，君子以此为乐，但是本性不在这儿。君子的本性，纵使他的理想通行于天下并不因此而增，纵使他穷困隐居并不因此而减。这是他的本分已经固定了的缘故。君子的本性，仁义礼智之根植在他心中，而发出来的神色纯和温润。它表现于颜面，反映于肩背，以至于手足四肢，在手足四肢的动作上，不必言语，别人一目了然。"

作为性善论者，孟子认为仁义礼智是君子天生的秉性。因此，君子在得志时不妄为，失意时不自卑。所“欲”非所“乐”，所“乐”非所“性”，这段话妙在通过前两句的层层剥茧，逐步引入对君子本性的阐释。诵读时，由放到收，渐渐内化，渐渐清晰。淡泊之情藏于心，温润之色溢于表，吟之，诵之。

小篆

隶书

草书

行书

楷书

面：最初的字形就像人的整个面庞，所以其本义是人的脸。后来，被引申为“面向”，也用来指物体的表面，如“桌面”等。需要注意的是，古文中的“面”和“面粉”的“面”（麪）并不是一个字。

1. 我会自读、自吟，找同学一起诵读。

2. 书写练习：照样子书写下面的文字。

君子所性，虽大行不加焉，虽穷居不损焉，分定故也。君子所性，仁义礼智根于心，其生色也睟然，见于面，盎于背，施于四体，四体不言而喻。

3. 诗情画意显身手。（我可以涂画、作诗、写对联）

12 修　德

善建者不拔，善抱者不脱，子孙以祭祀不辍①。修之于身，其德乃真；修之于家，其德乃余；修之于乡，其德乃长；修之于国，其德乃丰；修之于天下，其德乃普。故以身观身，以家观家，以乡观乡，以国观国，以天下观天下。吾何以知天下然哉？以此②。

注　释

① 辍：停止，断绝。

② 以此：就因为这个道理。

《道德经》第五十四章

善于建树的人不可拔除，善于抱持的人不会脱离，子子孙孙遵循大道就永远祭祀不断绝。用道修养自身，他的德就纯真；修养一家，他的德就充余；修养一乡，他的德就长久；修养邦国，他的德就丰硕；修养全天下，他的德就普遍。因此，从自身之德观察他人之德，从自家之德观察他家之德，从自己家乡之德观察其他地区之德，从自己国家之德观察其他国家之德，从今日天下之德观察未来天下之德。我凭什么知道天下的情况呢？就是运用的这个道理和方法。

这段话告诉我们修德乃治身、治家、治乡、治国、治天下的关键所在，强调以道修德，普化天下。这段话句式整齐，在富有节奏和韵律的诵读中，读出不同的情趣。行至文末，“吾何以知天下然哉”语调上扬，“以此”反复诵之，心领神会，言有尽而意无穷。

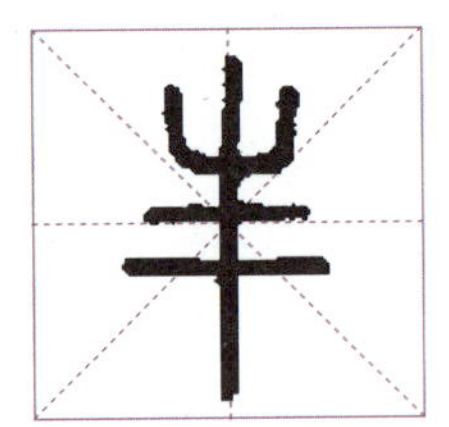
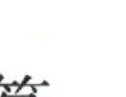
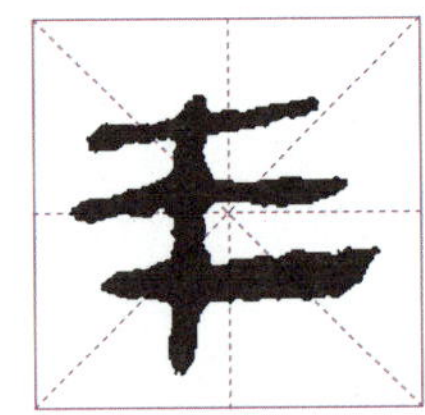

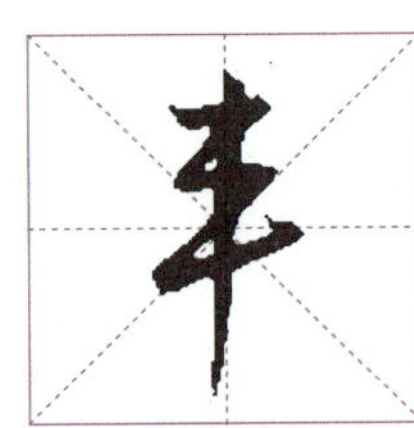
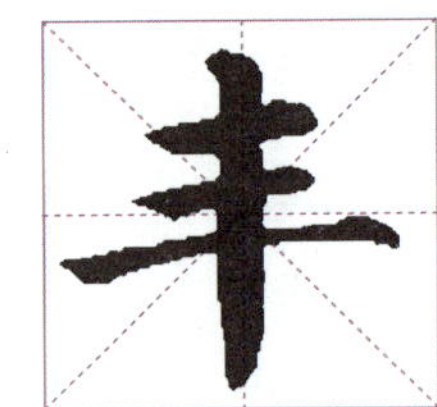

小 篆　　隶 书　　草 书　　行 书　　楷 书

丰：会意字。字形像用来祭祀的豆旁边放着两块美玉，表示很丰盛。后来也引申为“大”或“多”的含义，如“丰碑”、“丰硕”。

1. 我会自读、自吟，找同学一起诵读。

 2. 书写练习：照样子书写下面的文字。

修之于身，其德乃真；修之于家，其德乃余；修之于乡，其德乃长；修之于国，其德乃丰；修之于天下，其德乃普。

 3. 诗情画意显身手。（我可以涂画、作诗、写对联）

13 无为

为无为，事无事，味无味。大小多少。图难于其易，为大于其细。天下难事，必作于易；天下大事，必作于细。是以圣人终不为大，故能成其大。夫轻诺必寡信，多易必多难。是以圣人犹难之，故终无难矣。

《道德经》第六十三章

注释

① 轻诺：轻易许诺。

② 犹：均，都。

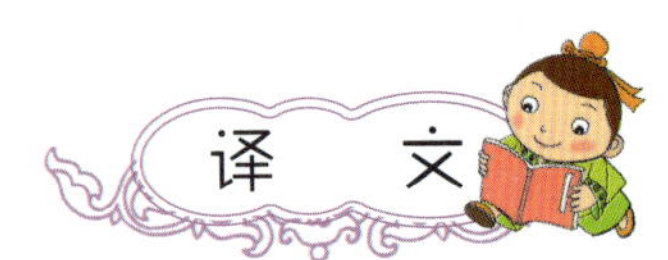

作无为之为，行无事之事，品无味之味。大生于小，多起于少。图谋困难的事情要趁它容易的时候，处理重大的事情要在它细小的时候。因为天下的难事必须从容易的地方做起；天下的大事，必须从细小的地方做起。因此，圣人始终不自以为大，所以，能够成就他的伟大。轻易承诺必然很少守信用，把事情看得太容易必然遭受很多困难。因此，圣人遇事都看得困难，所以最终就没有困难。

这段话阐发“无为而无不为”的道理。它提醒人们，任何事情都是由小成大，由少成多，由易及难的。诵读时，怀着恬淡平常的心态，方能读出“为无为，事无事，味无味”的滋味。感受“大与小”、“多与少”、“难与易”之间的变化，方能读出圣人“成其大”的自然而然。最后两句实在是至理，在应和对接中读得肯定，读出谨小慎微告诫之意。

小　篆	隶　书	草　书	行　书	楷　书

诺：会意字。右边的“若”表示“顺从”，而左边最早是“口”，合在一起就是答应。现在，“诺”中的“口”变成了“言”，但意思是一样的。

 1. 我会自读、自吟，找同学一起诵读。

2. 书写练习：照样子书写下面的文字。

天下难事，必作于易；天下大事，必作于细。是以圣人终不为大，故能成其大。夫轻诺必寡信，多易必多难。是以圣人犹难之，故终无难矣。

3. 诗情画意显身手。（我可以涂画、作诗、写对联）

14 天　行

天下同归而殊途，一致而百虑，天下何思何虑？日往则月来，月往则日来，日月相推而明生焉；寒往则暑来，暑往则寒来，寒暑相推而岁成焉。往者屈也，来者信也，屈信相感而利生焉。尺蠖之屈，以求信也；龙蛇之蛰，以存身也。精义入神，以致用也；利用安身，以崇德也。过此以往，未之或知也；穷神知化，德之盛也。

《周易·系辞下》节选

注释

① 信：通“伸”，伸直。

② 尺蠖（huò）：指屈伸虫。

③ 蛰：伏。

译文

天下万事归宿都相同，只是走的路不同；结果都统一，只是考虑各有不同，大自然有什么思虑呢？正如日往则月来，月往则日来，日月相互推移就产生了光明；寒往则暑来，暑往则寒来，寒暑相互推移就形成了岁月。往就是屈，来就是伸，屈与伸相互感应就产生了利益。尺蠖毛虫弯曲着它的腰，是为了向前伸展；龙蛇冬天里蛰伏着，是为了保存它的生命。人精通义理而进入神妙的境地，是为了能够运用；君子利用所学安定自身，是为了提高道德境界。除此之外不曾知道别的；穷尽神妙知晓变化，就是道德的最高境界。

阅读提示

“天下同归而殊途，一致而百虑”已成为家喻户晓的名言。这段话枚举自然现象的循环转化、对立互利，意蕴深长地告诉人们“安身、崇德”的人生哲理。诵读时，带着思虑入文，饶有兴趣地感受大自然的深奥。

汉字寻根

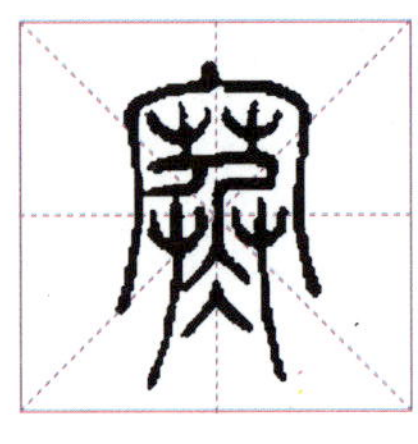

小篆

隶书

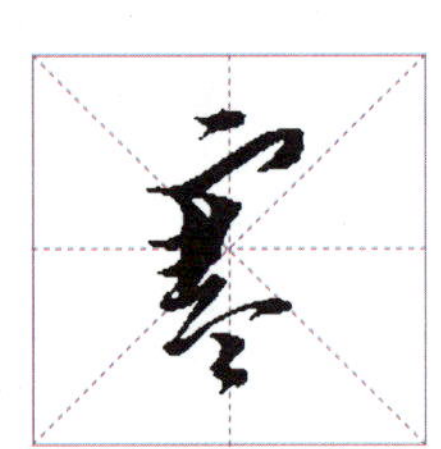

草书

行书

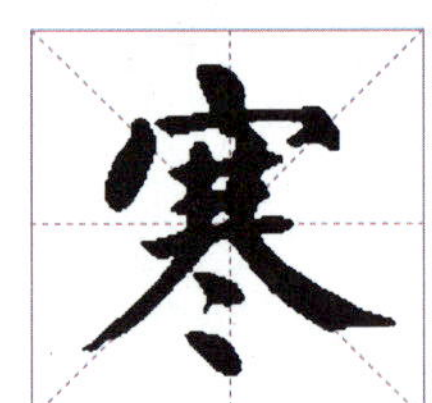

楷书

寒：最早指的是屋内地面结冰，人在身上裹满了草取暖，这样的画面真是“寒冷”。现在人认为在寒冷和害怕时都会发抖，所以又引申为恐惧、害怕。

 1. 我会自读、自吟，找同学一起诵读。

 2. 书写练习：照样子书写下面的文字。

尺蠖之屈，以求信也；龙蛇之蛰，以存身也。精义入神，以致用也；利用安身，以崇德也。

 3. 诗情画意显身手。（我可以涂画、作诗、写对联）

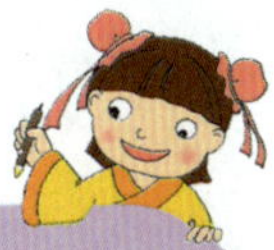

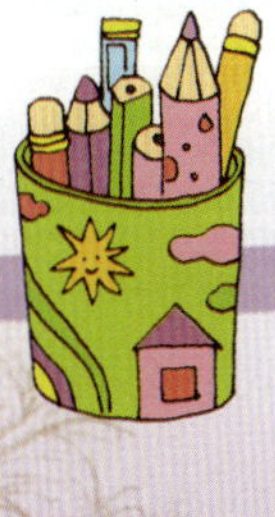

15 水德

夫水似乎德：其流也，则卑下倨拘必循其理，此似义；浩浩乎无屈尽之期，此似道；流行赴百仞之嵠而不惧，此似勇；至量必平之，此似法；盛而不求概，此似正；绰约微达，此似察；发源必东，此似志；以出以入，万物就以化絜，此似善化也。水之德有若此，是故君子见必观焉。”

《孔子家语·三恕》节选

注释

① 绰约：柔弱的样子。

② 微达：通达于细小微末之处。

大水不停地流动，就像人的德。它流动时，有时在低处，有时在高处，一定遵循理，这就像人讲道义；它水势汹涌，没有枯竭的时候，这就像人行道；它流向百仞深的山谷而不惧怕，这就像人的勇；它总是平的，这就像人的法；水满了不须刮去而自平，这就像人的正；它本性柔弱而无微不达，这就像人的明察；它从源头流出就奔向东方，这就像人的志；它可出可进，万物靠它净化，这就像善于教化的人。水的品德这么好，所以有德的人见了它一定细细观看。”

这段是孔子和子贡的对话。文中以水为喻，比人之义、道、勇、法、正、察、志、善化九德。《老子》曰：“上善若水，水善利万物而不争。”细品先哲们对水的认知和赞赏，怀不为不争之心诵之，时而舒缓回旋，时而急速奔涌，时而浩渺高亢，时而轻声吟唱，读出水之百态。

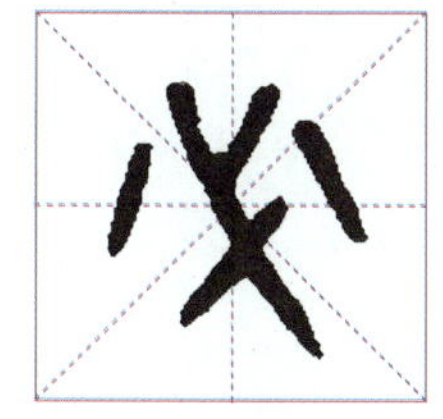
小 篆

隶 书

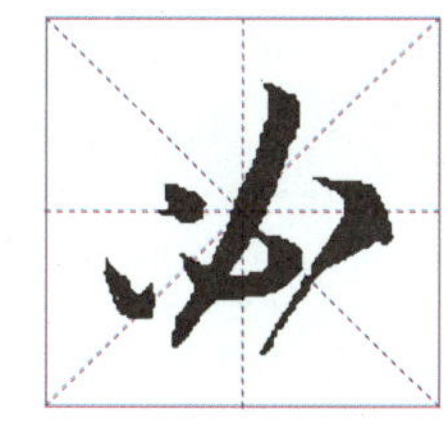
草 书

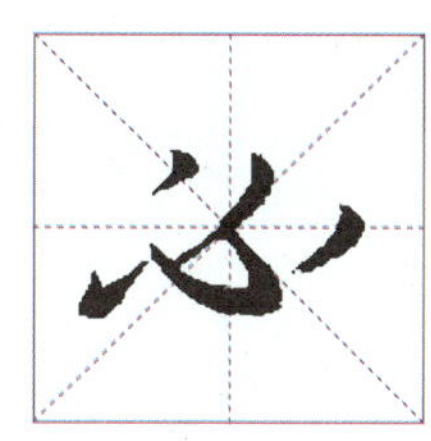
行 书

楷 书

必：最早的字形由表示木橛的“弋”部和表示分开的“八”部组成，意思是分界用的标杆。它现在被引申为比较抽象的含义，用来表示肯定、确定。如“必定”、“必须”。

1. 我会自读、自吟，找同学一起诵读。

2. 书写练习：照样子书写下面的文字。

夫水似乎德：其流也，则卑下倨拘必循其理，此似义；浩浩乎无屈尽之期，此似道……

3. 诗情画意显身手。（我可以涂画、作诗、写对联）

16 进　学

君子曰：学不可以已。青，取之于蓝，而青于蓝；冰，水为之，而寒于水。木直中绳，輮以为轮，其曲中规。虽有槁暴，不复挺者，輮使之然也。故木受绳则直，金就砺则利，君子博学而日参省乎己，则知明而行无过矣。

《荀子·劝学》

注释

① 輮（róu）：通“煣”，用火烤使木条弯曲。

② 虽有槁暴：即使又被风吹日晒而干枯了。有，通“又”。槁，枯。暴，通“曝”，晒干。槁暴，枯干。

③ 知：通“智”，智慧。

④ 明：明达。

君子说：学习不可以半途而废。靛青是从蓝草中提取的，却比蓝草的颜色更青；冰由水凝结而成，却比水更寒。木材像用绳墨吊过一样笔直，把它弄弯曲制成车轮，其弯曲程度符合圆规的标准，就算经过火炙日晒，也不会再挺直，这是由于弯曲工艺的制作才使它变成这个样子呀。所以，木材经过绳墨的加工就会使它变得笔直，金属制成刀剑经过磨刀石摩擦就变得锋利。学识渊博的君子不仅学博识广，且能天天检讨自己的言行，这样就会越来越聪明，而且做事不犯错误。

本篇论述了学习的重要意义。这段话连用“青，取之于蓝，而青于蓝”、“冰，水为之，而寒于水”、“木受绳则直”、“金就砺则利”等四个比喻，阐述“学不可以已”的道理，生动鲜明，启人深思。带着想象诵读，灵活自然，似有一种音乐的节奏感流动在其中。

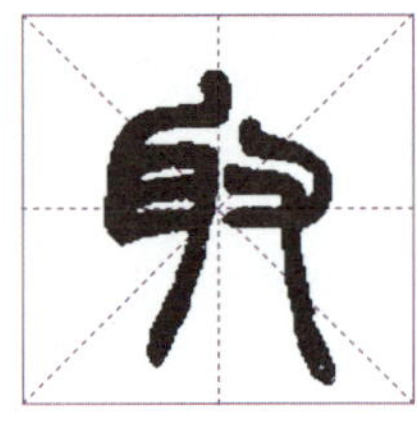		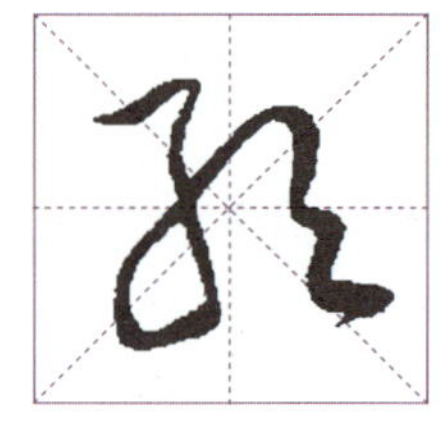		
小 篆	隶 书	草 书	行 书	楷 书

取：会意字。古人在狩猎后常常都会割下动物的耳朵来记功，而“取”最初的字形就是一只手在割取耳朵。后来，“取”字被引申为“用手拿”，如“取得”、“取回”等。

 1. 我会自读、自吟，找同学一起诵读。

 2. 书写练习：照样子书写下面的文字。

学不可以已。青，取之于蓝，而青于蓝；冰，水为之，而寒于水。木直中绳，輮以为轮，其曲中规。

 3. 诗情画意显身手。（我可以涂画、作诗、写对联）

中国古代的服饰文化

爱美之心，人皆有之。当我们的祖先发明了骨锥和骨针，能缝合兽皮遮身保暖开始，他们也就学会了用兽齿、羽毛等来装扮自己，形成了最原始的服饰文化。约在五千年前的人们发明了纺织术，能织麻布做衣服，这是服装史上的一大进步。殷商时代，人们更是掌握了养蚕抽丝的技术，制作出了精美的丝绸服饰。

几千年来，中国各族人民在劳动与生活中，带着对美的追求，创作出了许多精美绝伦的服饰，这些都是我们传统文化中的瑰宝。

冠服制度

当人们掌握了纺织和裁剪的技术之后，便能制作各种各样的衣服了。随着文明的进步，人们需要在服饰上来区分彼此的身份，便开始根据身份地位来穿衣，这就是“冠服制度”。完整的冠服制度产生于西周，天子、大臣和黎民百姓，都有不同的穿着。春秋战国之后，冠服制度还成为了一种礼仪，不同等级的官员服装的样式、色彩、质料、图案、纹样都不一样，而且还有朝拜皇帝时所穿的朝服和平日所穿的常服之分，根据自己的身份来穿衣，是有礼的表现，一旦出错，那可就是失礼了。

在今天，根据身份和场合来穿衣也是一种最基本的礼仪：演员的衣着华丽夸张，军人制服笔挺而威严。严肃的场合应穿着正装（如升国旗时穿统一的校服），社交活动要穿着礼服，日常生活中则可以穿着较为舒适随意的便装……这些，可都是文明修养的体现啊。

传统汉服

细心的同学们一定发现了，每逢中国的传统节日庆典，常常会出现身着汉服的身影。汉服是中国汉族传承了几千多年的传统民族服装，也是汉文化的代表之一。

完整的汉服包括衣裳、首服、发式、面饰、鞋履、配饰等，运用了纺织、蜡染、夹缬、锦绣等多种传统技艺，可谓是浓缩了华夏服饰的经典工艺。传统的汉服宽衣大袖，用绳带束腰，给人洒脱飘逸的印象。汉服最主要的特点是“交领右衽”，指的是要用左边的衣襟压住右边的衣襟，这是绝对不能出错的，因为只有去世的人所穿的寿衣才会反过来用右襟压住左襟。

在今天，越来越多的汉人愿意在传统佳节穿着汉服，这是对传统汉文化的追随和敬仰，同学们不妨和爸爸妈妈一起亲身体验一下汉服的端庄美丽，并把你所知道的有关汉服的知识告诉爸爸妈妈吧!

(唐) 周昉《簪花仕女图》(局部)

雍容华贵的唐朝服饰

唐代是我国经济文化的繁荣时期，也是服饰发展的鼎盛时期。著名的敦煌壁画中有“飞天图”，描绘了许多娇柔美好的女子形象，她们所穿的服饰也十分精美华丽。在当时，唐朝都城长安吸引了很多西方的客人，成为了中西方文化交流的中心。这使得唐朝人思想开明、创新意识强，唐朝服饰也具备了开放浪漫的风格。

五千年来，中国各族人民创作出的精美服饰数不胜数，这些服饰艺术凝结着人们对美的追求。同学们，会欣赏美、会创造美才能让生活更美，你能设计设计你心目中最美的服饰吗?

(唐) 张萱《捣练图》(局部)

对联

本册我们将继续学习经典长联、美文联、美韵联和美意联等内容。通过学习来领略长联中所表现出来的豪迈气概，体验美文联中的动静声色，感受美韵联中的情真意切荡气回肠，深思美意联中表现出的人生态度和情怀。试着通过表演、涂画、写对联等形式，来充分检验我们的所学和所得，把课堂内外结合起来，充分发挥和表现我们的才智，做到学得快，写得好。同时注重提高个人的品质和修养，做个会学、人人夸的小学生。

17 经典长联

五百里滇池，奔来眼底。披襟岸帻，喜茫茫空阔无边。看：东骧神骏，西翥灵仪，北走蜿蜒，南翔缟素。高人韵士，何妨选胜登临。趁蟹屿螺洲，梳裹就风鬟雾鬓，更苹天苇地，点缀些翠羽丹霞。莫辜负：四围香稻，万顷晴沙，九夏芙蓉，三春杨柳；

数千年往事，注到心头，把酒凌虚，叹滚滚英雄谁在。想：汉习楼船，唐标铁柱，宋挥玉斧，元跨革囊。伟烈丰功，费尽移山心力。尽珠帘画栋，卷不及暮雨朝云，便断碣残碑，都付与苍烟落照。只赢得：几杵疏钟，半江渔火，两行秋雁，一枕清霜。

〔清〕孙髯

万树梅花一布衣

孙髯字髯翁，祖籍陕西，生平喜种梅花而自刻印章“万树梅花一布衣”，因父在滇为官而定居昆明，从小博学多识，喜习诗文，懂水利，擅绘画，易卜医学亦精通，曾参与《云南县志》的写作。其著多失传，现仅存《滇南诗略》所收诗二十首及后人抄存的《孙髯翁诗残钞本》。孙髯学识渊博，性情豪放、洁身自好，是不可多得的联家、诗人。

这副长联一百八十字，对仗工整，气势宏大，脍炙人口。上联写滇池及周围风光景物，歌颂昆明大好河山及农民的辛勤耕耘。下联联想云南历史，把封建王朝看作不长久的幻影。长联观物写情，内涵深刻，令人叫绝，被誉为“海内第一长联”、“古今第一长联”、“天下第一长联”。登上高楼，凭栏远望，长联描绘的景色一一映入眼帘，抒发的情怀萦回脑际，令人心旷神怡。大观楼因长联而驰誉九洲，成为与黄鹤楼、岳阳楼及滕王阁齐名的我国四大名楼之一。

 1. 我会自读、自吟，找同学一起诵读。

2. 书写练习：照样子书写下面的文字。

伟烈丰功，费尽移山心力。尽珠帘画栋，卷不及暮雨朝云，便断碣残碑，都付与苍烟落照。只赢得：几杵疏钟，半江渔火，两行秋雁，一枕清霜。

3. 诗情画意显身手。（我可以涂画、作诗、写对联）

鸿是江边鸟；

18 美文联

衔远山，吞长江，其西南诸峰，林壑尤美；送夕阳，迎素月，当春夏之交，草木际天。

〔清〕徐仁山

何时黄鹤重来，且自把金樽，看洲渚千年芳草；今日白云尚在，问谁吹玉笛，落江城五月梅花。

〔清〕宋 荦

大江东去，浪淘尽千古英雄，问楼外青山，山外白云，何处是唐宫汉阙；小苑西回，莺唤起一庭佳丽，看池边绿树，树边红雨，此间有舜日尧天。

南京瞻园联

苏东坡以联识才

一日，苏东坡至江西宜兴途遇一小孩很用心读书，便询问小孩学的是什么。小孩回答：“正学对课，请大人赐教。”苏东坡即出一联考小孩：“衡门稚子玉雕器。”意为：出生贫穷的弟子也可以成为稀世珍宝。小孩听后谦恭地吟出下联：“翰苑仙人锦绣肠。”既有称颂苏东坡之意，也有抒发自己壮志之心。东坡听罢，赞扬说：“真美玉也。”这个小孩就是后来的进士孙觌（dí）。

徐仁山的对联则节奏鲜明，联句承袭了散文的优美句法，气势连贯，极为通畅优美。宋荦的上联以设问领起，化用黄鹤楼的传说。下联名人诗句巧妙化用，语义双关，主题鲜明，俊逸清新，高远自然。末联的“问楼外青山，山外白云”、“看池边绿树，树边红雨”，采用顶针手法，其中引用苏轼与林升的诗句，品读柔婉亲切，有豪气亦有柔情。一“问”一“看”，起承转合十分恰当。

1. 我会自读、自吟，找同学一起诵读。

2. 书写练习：照样子书写下面的文字。

衔远山，吞长江，其西南诸峰，林壑尤美；送夕阳，迎素月，当春夏之交，草木际天。

3. 诗情画意显身手。（我可以涂画、作诗、写对联）

学如逆水行舟，不进则退；

19 美韵联

马过木桥蹄打鼓；鸡啄铜盘嘴敲锣。

〔明〕解　缙

水仙子持碧玉簪，风前吹出声声慢；虞美人穿红绣鞋，月下引来步步娇。

〔宋〕苏东坡 苏小妹

放开眼孔，看晓日才上，夜月正圆，山雨欲来，溪云初起；洗净耳根，听林鸟争啼，寺钟答响，渔歌唱晚，牧笛催归。

福建邵武熙春山栖亭联

月圆月缺，月缺月圆，年年岁岁，暮暮朝朝，黑夜尽头方见日；花落花开，花开花落，夏夏秋秋，暑暑凉凉，严冬过后始逢春。

〔清〕李调元

鸡鸣鸟叫

有一天，老师领着周渔璜在学校外面闲逛，边走边聊。老师诗兴大发，要和渔璜对对子，正好有一农家母鸡下蛋，“谷多谷多”叫个不停。老师便以此为题出了一个“像声”对：“母鸡下蛋，‘谷多谷多’只有一个。”老师要求周渔璜也以“像声”对下联。周渔璜不慌不忙地看看四周，忽然听到小鸟在欢快地叫着。周渔璜高兴极了，便马上有了下联：“小鸟上枝，‘酒醉酒醉’并无半杯。”老师一阵欣喜，连声夸赞他对得好。

首联形象生动，富有生活气息，吟联如儿歌一般明快、上口。而苏联则采用“水仙子”、“碧玉簪”、“声声慢”、“虞美人”、“红绣鞋”、“步步娇”等词牌名，加之“步步”与“声声”叠词和拟人手法的运用，赋予具体而丰富的形象，可谓妙趣横生。第三联后段是排比句，形式整齐，结构严谨，节奏鲜明，有一气呵成之势。李调元的联语兼用重叠、反复、颠倒、比喻、双关等丰富的修辞方法，骈俪工稳，具有强烈的艺术感染力，上下联末句更堪称人生箴言，是难逢的佳联。

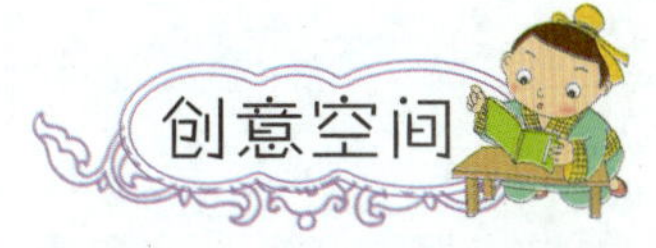

1. 我会自读、自吟，找同学一起诵读。

2. 书写练习：照样子书写下面的文字。

放开眼孔，看晓日才上，夜月正圆，山雨欲来，溪云初起；

洗净耳根，听林鸟争啼，寺钟答响，渔歌唱晚，牧笛催归。

3. 诗情画意显身手。（我可以涂画、作诗、写对联）

秋月如盘，人在冰壶影里；

20 美意联

无暇人品清于玉；不俗文章淡似仙。

〔清〕陈希曾

心术不可得罪于天地；言行要留好样与儿孙。

〔明〕袁崇焕

读古人书，求修身道；友天下士，谋救时方。

〔清〕魏　源

宠辱不惊，看庭前花开花落；去留无意，望天上云卷云舒。

〔明〕陈继儒

师夷长技以制夷

清朝魏源是著名的思想家，爱国主义者。他明确指出要向西方学习，著名的“师夷长技以制夷”就出自他的著作《海国图志》。意思是学习西方各国在军事技术上的长处，用来抵抗侵略、克敌制胜。魏源从反侵略立场出发，以“师夷”为手段，以“制夷”为目的，表现了其光辉的爱国主义思想。

首联是七言标准格式，读来朗朗上口。无暇人品，千古文章展示了作者心中理想的人生境界。袁崇焕的联语主旨是如何严格要求自己，读此联，当心思己行。魏源上下联从读书交友谈起，以修身济世作结，表现了其立德立功的入世精神。陈继儒的对联则朴实无华，蕴含一种淡泊情怀，怡然自得的人生乐趣。读联悠悠平缓，意味深长。

1. 我会自读、自吟，找同学一起诵读。

2. 书写练习：照样子书写下面的文字。

无暇人品清如玉，不俗文章淡似仙。宠辱不惊，看庭前花开花落；去留无意，望天上云卷云舒。

3. 诗情画意显身手。（我可以涂画、作诗、写对联）

人无信不立；

中华茶文化

中国是茶树的故乡，有许多茶叶都只产于中国，如乌龙茶、黄茶、白茶、黑茶和花茶。

以茶代礼

在中国，茶是礼仪的重要组成部分。在南宋都城杭州，每逢立夏，家家户户便开始烹制新茶，然后相互赠送品尝。在邀请客人品茶时，还会在茶杯内放两颗橄榄或金桔，表示吉祥如意。

许多地区，男女订婚也会送茶礼。在今天的婚礼习俗中，新人要向彼此的父母敬上一杯茶，表达自己对父母的感恩。

饮茶礼仪

在我国，饮茶虽然是再平常不过的生活小事，却蕴藏着深厚的文化传统。想要在待人接物中体现出自己的文明修养，同学们可要学学茶桌礼仪哦！

若你是主人，请客人喝茶时可不要直接手捧茶杯，放在托盘上端出才是对客人的尊重；民间常有“茶七酒八”的说法，意思是斟茶倒酒都不能将杯子倒满，茶杯里的水，倒个七分满就足够了；向客人敬茶的时候，可要记得用双手奉上，并且要轻轻放在客人右前方以示尊重；人们喜欢一边品茗一边畅谈，身为主人的你，可一定要注意观察客人的杯子是否空了，及时给客人斟茶。

若你是客人，在品茶时则要注意小口啜饮，即使感到口渴也不能大口喝茶，否则会显得粗鲁失礼；当主人给自己斟茶时，要稍微起身或将身体前倾来表示谢意，如果周围人多不方便起身，就可以用手指轻轻敲击桌面，这也是表达感谢的方式。

这些礼仪，同学们都学会了吗？你也可以在家里摆摆茶宴，用你学到的礼节来接待自己的小伙伴哦！

早在神农时期，茶就作为一种药材被中国人所饮用，随着时间的推移，茶慢慢地成为了人们生活中一种常见的饮品。

“茶兴于唐而盛于宋”，我国历来对茶的泡制和品尝方法都非常讲究，因而逐渐形成丰富多彩的饮茶习俗和精湛的茶艺。

（宋） 刘松年 《斗茶图》（局部）

在唐代，斗茶的习俗非常流行。每年春季新茶制成后，茶农、茶客们就忙着互相比赛新茶的优劣。一场斗茶比赛总是被众人围观，胜败的结果可是会成为街坊间热烈讨论的话题呢。

分茶是宋代流行的一种“茶道”，是宋人泡茶的一种方法。茶叶漂浮在水中，形成各种精美图案，山水风景、花鸟鱼虫应有尽有，堪比一幅精美的水墨画，因此在民间，分茶也有着“水丹青”的美称。

茶与诗词

在我国古代和现代文学中，涉及茶的诗歌散文真是数不胜数，那是因为文人墨客都爱茶。

晋代诗人杜育的《茶赋》是我国现存的最早的茶赋，自此之后，文人们的字里行间便少不了茶的踪影了。在我国诗歌发展最高峰的唐朝，几乎个个大诗人都写过茶诗，杜甫留下了“落日平台上，春风啜茗时”的名句；白居易的一生中，有至少五十首诗写到了茶。

后来，陆羽最著名的《茶经》问世了。寺院出身的陆羽被人们称为“茶圣”，从采茶、制茶到烹茶都亲历亲为，并且技艺高超。陆羽一生最爱以茶会友，茶友中有不少都是大文豪和寺庙高僧，而他自己也留下了大量的茶诗。

茶赋予了诗人创作的灵感，人们毫不吝惜在自己的文字中表达对它的热爱。同学们不妨去古诗里仔细寻找，一定会发现更多茶与我们国人的独特情结。

（元） 赵 原 《陆羽烹茶图》（局部）

附录：亲子共读

我能将这段诗文的大意或典故讲给家长听。（涂红花朵表示）

第1课　家长评一评：很好　好　须努力

第2课　家长评一评：很好　好　须努力

第3课　家长评一评：很好　好　须努力

第4课　家长评一评：很好　好　须努力

第5课　家长评一评：很好　好　须努力

第6课　家长评一评：很好　好　须努力

第7课　家长评一评：很好　好　须努力

第8课　家长评一评：很好　好　须努力

第9课　家长评一评：很好　好　须努力

第10课　家长评一评：很好　好　须努力

第11课　家长评一评：很好　好　须努力

第12课　家长评一评：很好　好　须努力

第13课　家长评一评：很好　好　须努力

第14课　家长评一评：很好　好　须努力

第15课　家长评一评：很好　好　须努力

第16课　家长评一评：很好　好　须努力

第17课　家长评一评：很好　好　须努力

第18课　家长评一评：很好　好　须努力

第19课　家长评一评：很好　好　须努力

第20课　家长评一评：很好　好　须努力

图书在版编目(CIP)数据

中华国学课本.第10册/张庆华主编.—北京:中华书局,2014.3
(中华诵·经典素读教程系列)
ISBN 978-7-101-09927-0

Ⅰ.中…　Ⅱ.张…　Ⅲ.中华文化-小学-教学参考资料
Ⅳ.G624.233

中国版本图书馆CIP数据核字(2014)第000117号

书　　名	中华国学课本　第十册
主　　编	张庆华
丛 书 名	中华诵·经典素读教程系列
责任编辑	祝安顺　白爱虎
出版发行	中华书局 (北京市丰台区太平桥西里38号　100073) http://www.zhbc.com.cn E-mail:zhbc@zhbc.com.cn
印　　刷	北京瑞古冠中印刷厂
版　　次	2014年3月北京第1版 2014年3月北京第1次印刷
规　　格	开本/889×1194毫米　1/16 印张5½　字数12千字
印　　数	1-5000册
国际书号	ISBN 978-7-101-09927-0
定　　价	18.00元